Tagebuch eines Welpen

Die ersten 8 Wochen

Mayloo, Scully und Lilly, die Eltern

Herstellung und Verlag:
Books on Demand GmbH, Norderstedt
ISBN 978-3-8370-7637-0

Tagebuch eines Welpen

Sie mögen Hunde?
Und Sie lieben Welpen?
Haben Sie sich auch schon immer gefragt, was in den ersten 8 Wochen im Leben eines Hundes so alles passiert?
Ja??
Fein, dann ist dieses Buch genau richtig für Sie.
Folgen Sie uns: Ginger (ich erzähle die Geschichte), Gismo und Geena, geboren am 23.12.04 in Schleswig-Holstein, in die ersten 8 turbulenten Wochen unseres Lebens.
Unsere stolze Mama heißt Scully (eindeutig Akte X Fans!!) und unser Papa heißt Mayloo (Wo ist Mulder??).
Es gibt noch eine zweite Hündin namens Lilly, die für uns drei so etwas wie eine Tante ist, aber dazu später mehr.

Jetzt erst mal viel Spaß beim lesen, lachen und auch mal nachdenken wünschen

Ginger, Gismo und Geena

23.12.04

Wir „wohnen" hier zu dritt und langsam aber sicher wird
es Zeit für einen Umzug.
OOOOOOOOOH man ist das eng hier.
Ständig knufft mir einer in die Seite, drehen kann ich
mich auch nicht wirklich und dann ist Mama auch noch
soooo unruhig.
Ständig läuft sie hin und her, hechelt und gibt leise
Quietsch- und Fieptöne von sich.
Was ist denn nur los hier??
Außerdem hat Mama heute der Tag über kaum etwas
gegessen und ich hab so einen Hunger!!!
Huch, was ist das denn nun schon wieder??
Plötzlich wird es hier noch enger .... und nun
rutsche ich auch noch, was wird das hier??
Ich werde immer mehr in eine enge „Röhre" gedrückt
und kann mich kaum noch bewegen.
Plötzlich gibt es ein schmatzendes Geräusch und nun
fühle ich mich echt nackt, jemand hat mein
„Badewasser" abgelassen.
Diese komische Hülle, in der ich seit 63 Tagen
schwimme, legt sich dicht an meinen Körper und dann
geht alles ganz schnell: Mama hechelt, fiept und
quietscht, sie legt sich von einer Seite auf die andere und
presst wie verrückt, wird gestreichelt und flutsch ....
DA BIN ICH: Ginger!!!!!!
Am 23.12.04 und 1.52Uhr nachts erblicke ich das Licht
der Welt wie man in der Menschensprache so schön sagt.
Mann ist das kalt hier und ich hab soooo einen Hunger!!

Mein Instinkt sagt mir aber, dass ich dorthin muss wo es nach Essen riecht - also auf zum Zitzen suchen .... man hat ja auch sonst nix zu tun!

Meine Mama schleckt mich derweil ab, zerbeißt dabei die Nabelschnur - über die ich immer genug zu Essen bekomme habe - und schubst mich so in die Richtung, in der es die leckere Milch gibt.

Während ich noch nach den Zitzen suche, hat meine Mama angefangen, die Nabelschnur mitsamt der Nachgeburt aufzufressen.

Das Gleiche wird sie in Zukunft auch mit unserem Kot und Urin machen.

Klingt ekelig und ist wenig nachvollziehbar, aber das hat die Natur so eingerichtet.

Warum??

Na ist doch klar, damit wir in der freien Wildbahn nicht von anderen Tieren gerochen und gefressen werden, denn in der Zeit der Geburt ist unsere Mama wehrlos, wir und auch sie würden eine leichte Beute für andere Tiere werden.

Natürlich sind wir nun nicht in der freien Wildbahn, aber der Instinkt ist eigentlich in jedem Tier vorhanden.

Deshalb ist es auch so, das man bei Hunden erst ganz spät sehen kann, dass sie trächtig sind.

Erst in den letzten drei Wochen legt eine Hündin an Gewicht und damit an Leibesumfang zu.

Auch das hat die Natur so eingerichtet.

Ich habe außerhalb immer Stimmen gehört, die gesagt haben, dass Mama aussieht als wenn sie einen Volleyball verschluckt hätte.

Volleyball???

Doch was ist das??

Mama fängt schon wieder an zu stöhnen, hecheln, fiepen und quietschen.

Außerdem fängt sie schon wieder an herumzulaufen.

Heeee, nun bleib doch mal stehen - ich habe Hunger!

Endlich legt sie sich hin und ich robbe instinktiv zu ihren Zitzen.

Angedockt und los getrunken.

Derweil wird Mama ganz leise, presst und wird gestreichelt und flutsch .... da ist Gismo mein Bruder, geboren um 2.15Uhr.

Auch er muss die gleiche Prozedur über sich ergehen lassen: abschlecken, hin und her geschubst werden, Nabelschnur durchbeißen und den Weg zu den Zitzen finden.

Mama ist mittlerweile ziemlich mitgenommen und bekommt erst mal etwas Wasser, denn Bine, unsere Züchterin, ist immer dabei wenn Welpen geboren werden, um notfalls eingreifen zu können wenn etwas schief geht, aber bis jetzt ist noch nie was passiert.

Bis jetzt...........

Als Mama zwischendurch aufsteht und wir von den Zitzen rutschen, kommen Bine´s warme Hände und nehmen uns ganz vorsichtig hoch.

Ich kriege noch mit, wie eine dritte Fruchtblase platzt.

Dann fühle ich, wie ich angeschaut und um mich selbst gedreht werde - dann sind die Hände plötzlich weg und ich liege auf einem wenig gemütlichem Stück Küchentuch.

He, was soll das??

Dann werde ich wieder hoch genommen und zu meiner Mama gelegt.

Das gleiche wird mit Gismo gemacht.

Später erfahren wir, dass Bine uns gewogen und untersucht hat, ich war von uns dreien die Leichteste mit 240 Gramm, Gismo wog 250 Gramm.

Nach einiger Zeit und etlicher Milch für uns fängt Mama wieder an unruhig zu werden.

Sie schaut zu ihrem Bauch, fiept, hechelt und stöhnt, die ganze Palette durch.

Bine streichelt sie wieder und dann wird es plötzlich unruhig in und an der Wurfkiste.

Unsere Schwester Geena kommt rückwärts zur Welt!!

Das Fruchtwasser war schon lange abgegangen und sie war sehr lange im Geburtskanal, eine Stunde und vierzig Minuten!

Geena flutscht in die Kiste und dann geht alles ganz schnell: Mama hat kaum noch Kraft und ist völlig erschöpft und Bine greift beherzt zu, befreit Geena von der Eihaut und durchtrennt die Nabelschnur zwei Fingerbreit über dem späteren Bauchnabel.

Sie öffnet ihr den Mund und stellt mit Entsetzen fest, das ihre Zunge ganz blau ist und sie nicht atmet.

Bine fängt sofort eine Herzmassage an und überlegt, ob sie auch eine Mund-zu-Maul-Beatmung macht.

So etwas hat sie noch nie gemacht, aber wenn sie Geena retten will dann muss sie es tun!

Gedacht, getan .... und das ist gar nicht so einfach.

Den kleinen Mund mit Daumen und Ringfinger offen halten, den Kopf etwas überstrecken, die Nasenlöcher mit dem Zeige- und Mittelfinger zuhalten und dann gaaaanz vorsichtig in den Mund hinein pusten.

Das Ganze hat sie etliche Male im Wechsel mit der Herzmassage wiederholt und schon fast die Hoffnung aufgegeben, als Geena endlich nach 10 langen Minuten anfängt zu atmen!!

Geena fiept kläglich aber sie atmet und das ist die Hauptsache.

Bine legt Geena wieder zurück zu Mama, die sie die ganze Zeit über aufmerksam beobachtet hat.

Sofort fängt Mama an, Geena abzuschlecken.

Nach der ganzen Aufregung darf Geena erst mal saufen und wird dann gewogen, 260 Gramm.

Die erste Milch ist für uns drei sehr wichtig, sie wird „Biestmilch" genannt und enthält alle lebenswichtigen Bausteine für unsere weitere Entwicklung und schützt uns vor Infektionen.

Mittlerweile ist es fast fünf Uhr morgens.

Bine ist müde und wie unsere Mama völlig erschöpft, denn sie war die ganze Zeit bei ihr und hat ja auch tagsüber immer genug zu tun, aber dazu später mehr.

Deshalb macht sie jetzt nur noch die Kiste notdürftig sauber (die Handtücher mit dem Fruchtwasser und dem Blut ersetzt sie durch frische saubere Handtücher).

Dann stellt sie noch eine Waschmaschine mit Kochwäsche an (morgens um fünf!!) und wankt ins Bett.

Die ersten 10 Tage gibt es nicht viel zu berichten, unser Tagesablauf besteht aus saufen, schlafen und manchmal herumrobben, denn krabbeln kann man das ja noch nicht nennen.

Ach ja - natürlich wird die Kiste alle zwei Tage komplett sauber gemacht, noch machen wir ja nicht viel schmutzig.

Mama wacht in dieser Zeit sehr akribisch über uns, sie geht so gut wie nicht aus der Kiste raus und jeder Fremde oder auch die anderen Hunde (hab gehört einer davon ist unser Vater) werden angeknurrt.

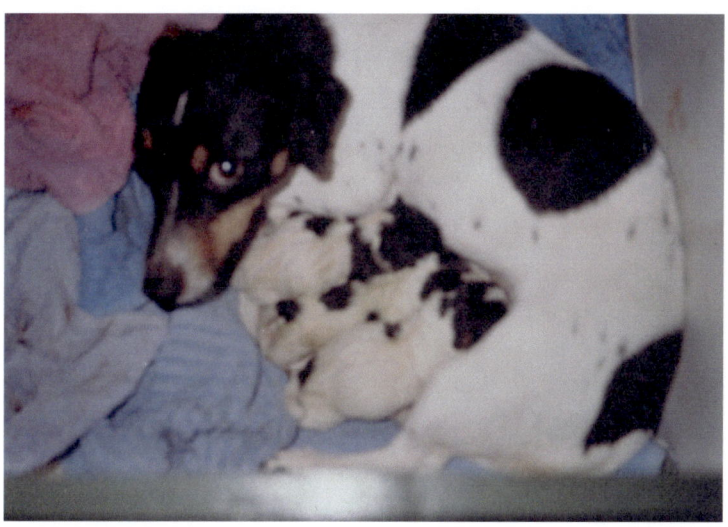

Kurz nach der Geburt: Scully beäugt misstrauisch jede Bewegung an der Wurfkiste und wacht über ihre Welpen.

Mit jedem Tag werden wir aktiver, unser Gehör wird immer besser und auch unsere Augen gehen langsam auf. Wir haben schon gewettet, wer als Erster die Augen ganz aufmacht und natürlich war ich fest der Meinung, dass ich das sein werde, als Erstgeborene...............
Aber Pustekuchen, Gismo war`s und zwar am 03.01.05. Geena und ich haben die Augen einen Tag später geöffnet, na ja knapp gewonnen........ GRINS!
Mit der Zeit werden wir immer aktiver, fiepen, krabbeln in der Kiste umher und finden nun auf Anhieb Mama´s Zitzen.

Geena, Ginger und Gismo mit 1 Woche.

Am 06.01.05 werden wir wieder gewogen, unsere Größe gemessen und siehe da, auch unsere Geburtsgröße von 12, 12,5 und 11,5cm haben wir fast verdoppelt.
Beim Gewicht sieht es noch besser aus: ich wiege jetzt 850 Gramm, Gismo 790 Gramm und Geena 740 Gramm.
Außerdem bekamen wir noch eine komisch riechende und ekelig schmeckende Paste zu essen (ihr Menschen nennt so was Wurmkur).
Bine war sehr zufrieden mit uns und knuddelte uns alle ganz vorsichtig ehe sie uns wieder in die Kiste zurücklegte, so wie sie es jeden Tag macht.

Am 09.01.05 hat Gismo sich vielleicht was geleistet, tz, der ist doch glatt durch die Tür in der Wurfkiste rausgekrabbelt .... und das gleich dreimal!
Bine hat ihn dann immer ganz vorsichtig hochgenommen und wieder in die Kiste zurückgesetzt.
Er und ich versuchen um die Wette zu bellen.
Bine sagt das klingt voll süß, na ja, früh übt sich wer ein guter Wachhund werden will.
Hier in der Kiste gibt es jeden Tag neues zu entdecken, unter anderem liegen hier so komische plüschige Teile rum.
Unsere Beinchen werden immer stabiler und wir können auch schon ein paar Schritte durch die Kiste torkeln - aber auch nur, um dann gleich darauf wieder umzukippen, klappt eben doch noch nicht so gut.
Bine ist sehr oft am Tag an unserer Kiste und hält die Hände rein um uns zu streicheln.

Es gibt auch noch andere Menschen, aber die sagen uns noch nichts.

Jetzt, wo wir schon ein wenig laufen können, begrüßen wir Bine, sobald ihre Hände in unsere Nähe kommen.

Um ihr zu zeigen, dass wir sie mögen, versuchen wir mit unseren Schwänzchen zu wedeln.

Ist gar nicht so leicht, das alles zu koordinieren, meistens wedelt dann der ganze Hund und Bine muss immer laut und herzhaft lachen!!!

Sie knuddelt uns dann alle drei, spricht mit uns und Mama bekommt meistens ein Leckerli.

Nachdem wir nun ganz gut auf unseren Beinchen stehen können, geht das Toben los.

Da wird sich angeknurrt (Bine sagt, dass es sich anhört wie ein Abfluss, der gurgelt!) und versucht, sich gegenseitig in die Füße zu beißen.

Wenn Mama dann nicht schnell genug aus der Kiste raus ist, müssen auch schon mal ihre Füße oder ihre Rute dran glauben - das macht richtig Spaß.

Na ja, mittlerweile sitzt sie ja auch nicht mehr so gluckenhaft in der Kiste und auch ihre „Weggeh-Zeiten" werden länger, allerdings unsere Tante Lilly wird immer noch angeknurrt.

Aber auch zu recht, denn in der Natur ist es so, dass andere Hündinnen, egal ob bekannt oder unbekannt, immer eine Gefahr für uns Welpen darstellen.

Da kommt es dann auch ganz schnell zu Beißereien, die manchmal sogar tödlich enden können.

Tante Lilly

Nicht so bei uns.

Bine passt immer auf uns auf und wenn Tante Lilly mal wieder in ihrer „Hab-Acht-Stellung" vor unserer Kiste steht, dann schickt Bine sie in ihren Korb oder nimmt sie auf den Arm und lässt sie von oben in unsere Kiste schauen.

Zweimal durfte sie auch schon an uns schnüffeln, da hat Bine uns in die Hände genommen und uns Lilly hingehalten.

Auch unser Papa durfte schon schnüffeln, aber den scheinen wir nicht sonderlich zu interessieren.

Unser Gehör funktioniert mittlerweile ganz gut und auch die Augen sind ganz passabel.

Wir drei mit ca. 3 Wochen

Heute habe ich gehört, wie Bine zu jemanden sagte, dass
Gismo immer mehr schwarze Flecken im Fell bekommt.
Und dass wir, wenn bei uns dreien die Ohren nach oben
stehen, aussehen wie Fledermäuse.
Was sind Fledermäuse???

Ich weiß immer noch nicht, was Fledermäuse sind!

Und eine andere Stimme sagte, dass ich mit meinen Falten im Gesicht aussehe wie ein Bernhardiner.
Frechheit, ich hab keine Falten, ich bin doch erst 3,5 Wochen alt!
Inzwischen kommen auch anderen Zweibeiner an unsere Kiste, das sind Freunde und die Kinder von Bine und Robbie (so heißt der Freund von Bine).
Da wären die Freunde Thomas und Sabine (Bine 2), Oma Renate und Opa Gunnar, die Nachbarn Ute, Sina und Evi und dann noch die Kinder Alexander und Mariella.
Bine sagt, dass diese Zweibeiner für den Anfang erst mal reichen.
Alexander ist 14 und Mariella 2 Jahre alt.

Bine und Bine 2 nehmen uns oft hoch, um mit uns zu kuscheln und wenn sie uns an ihre Nase halten, gähnen wir erst und beginnen dann die Nase abzulecken.
Wenn wir schnell genug sind, dann schlecken wir auch schon mal das ganze Gesicht ab.

Mittlerweile machen wir drei von alleine die ersten Ausflüge aus der Kiste, Gismo fast immer als Erster, oller Vordrängler!

Mit 3,5 Wochen wird schon ordentlich getobt.

Und wenn wir dann alle draußen sind, versuchen wir um die Wette zu laufen, was gar nicht so einfach ist, da im Flur nur Fliesen sind und nicht überall weiche Handtücher.
Also plumpsen wir schon mal auf die Nase oder rutschen mit den Beinen weg, was uns von den Zweibeinern schon oft Gelächter eingebracht hat.
Wir sind aber nicht sehr lange draußen, denn noch werden wir schnell müde und sind nach 15 Minuten wieder in der Kiste verschwunden.
Unser Orientierungssinn funktioniert von Tag zu Tag besser und wir finden die Kiste auf Anhieb.

Mittlerweile muss Bine die Kiste jeden Tag sauber machen, denn wir haben immer mehr Hunger und trinken immer mehr, dann müssen wir natürlich auch öfter mal.

Seitdem unsere Zähne am 17.01. ganz durchgekommen sind, wird grundsätzlich erst einmal alles auf seine Essbarkeit hin angekaut und angenagt.
Oft bekommen wir dann das Wort „Nein" zu hören - keine Ahnung was damit gemeint ist.
Aber rein aus Instinkt lassen wir dann von unserem Kauobjekt ab und suchen uns eben ein Neues!
Aber auch da kommt dann oft ein „Nein" und dann bekommen wir einen alte Socke zum spielen oder einen kleinen Holzstock zum knabbern.
Na siehste Bine, warum nicht gleich so!

Wenn Thomas und Bine da sind, dann ist hier immer was los.
Die beiden haben schon einen Welpen von Lilly bei sich zu Hause, sie heißt Cleo und so wie es aussieht, soll Geena auch dort hin.
Geena scheint hier so was wie der Liebling aller Besucher zu werden, aber sie sieht ja auch zu knuffig aus mit ihrem dunklem Gesicht und da sie ständig alles abschlabbern muss, finden die Zweibeiner das ganz toll.
Was aber nicht heißen soll, dass wir hässlich sind!
Auch wir werden genauso gekuschelt und betüttelt – und das nicht zu wenig.

Unsere große Schwester Cleo, Spitzname: Gräfin.
Bei ihr wird sich Geena sicherlich sehr wohl fühlen, denn
es ist toll, wenn man einen Spielkameraden hat.

Am 18.01. war ein großer Tag für uns: unsere beiden
großen Brüder Carlo und Oskar kamen zu Besuch.
Die beiden wohnen bei einer Familie mit drei Kindern, so
haben sie immer jemanden zum spielen.
Man war das klasse, der Oskar hat mit uns ganz
vorsichtig gespielt und Carlo war etwas „pikiert".
Er schaut immer aus der Wäsche als wenn er von allen
verlassen wurde, tztztz Männer!
Selbst Mama hat nach anfänglichem Knurren(und gutem
zureden von Bine) dann doch Ruhe gegeben, weil sie
gemerkt hat, dass Bine auf uns aufpasst.

Carlo im heimischen Garten

Wenn Cleo alle 2-3 Tage zu Besuch kommt, tobt sie immer mit ihrer Mama Lilly wie eine Verrückte durch das Haus.

Da wird gerannt, gebalgt, auf dem Boden gekugelt, sich gegenseitig durch das Haus gejagt, ohne Rücksicht auf Menschenbeine, andere Hunde oder auch Dinge die auf/ in/ oder an der Laufbahn der Beiden liegen.

Die Zweibeiner fangen immer an zu lachen, wenn Lilly und Cleo mal wieder den Teppich im Wohnzimmer von der Tür bis zum Kamin auf die andere Zimmerseite schieben.

Cleo ist manchmal sehr dreist - aber auch mutig, sie geht einfach in unsere Kiste rein (in der sie ja auch geboren wurde), selbst wenn unsere Mama drin ist und wundert sich dann, wenn Mama sie anknurrt und wegbeisst.

Mittlerweile hat sich unsere Mama auch an die verschiedenen Besucher gewöhnt (was sie aber nicht davon abhält, trotzdem zu bellen wenn jemand kommt).

Sogar Mariella darf uns jetzt streicheln und vorsichtig hochnehmen.

Wir drei haben so etwas wie einen Wettbewerb: wenn die Tür der Kiste aufgemacht wird, dann laufen wir alle gleichzeitig und so schnell wir können los.

Jeder will der Erste sein, der durch die Tür nach draußen kommt, aber meistens schafft es Gismo als Erster.

Bine lacht immer laut auf, wenn wir drei zusammen durch die Tür wollen, irgendwie klappt das nur nie........warum nur??

Und wenn Gismo als Erster draußen ist und nicht gleich
von Bine beachtet wird, dann ruft er nach ihr, indem er
bellt.
Sie antwortet nicht sofort, denn dann würde er sich ja
einen Spaß daraus machen und immer wieder anfangen.
Aber wenn sie dann antwortet, indem sie seinen Namen
ruft, freut er sich immer wie verrückt.
Der ganze Hund ist in Bewegung und ich warte dann
immer darauf, dass ihm Propeller wachsen und er abhebt.
HIHIHIHI ..... sieht bestimmt lustig aus so ein
Propellerhund!

Sollte Bine mal nicht gleich Zeit für uns haben, dann
stänkert er oft mit uns.
MENNO, der hat vielleicht scharfe Zähne gekriegt und
wenn er die dann in meinem Ohr versenkt, dann hab ich
immer das Gefühl, er versucht mir ein Ohrloch zu
stechen!
Ob mir wohl auch Ohrringe stehen, so wie Bine sie
trägt??
Jetzt, wo wir drei uns außerhalb der Kiste gut
fortbewegen können, pischern wir auch schon auf die
bereit gelegten Handtücher, aber auch nur, weil es so
schön ist, wenn Bine sich so freut wie jemand, der den
Nobelpreis gewonnen hat.
Und wenn es mal daneben geht, dann tut sie immer so,
als wenn die Welt untergeht.
Ich habe zwar keine Ahnung was das ist, aber so was
erzählen die Zweibeiner an unserer Kiste immer.
Klingt doch toll, oder??

Und so lernen wir auch schneller, dass wir nur an
bestimmte Orte pischern dürfen.
Mama sagt, das ist die Vorbereitung fürs nach draußen
gehen.
Draußen??
Hier im Flur wo unsere Kiste steht, gibt es auch eine
Höhle, auf der immer so komische haarige Vierbeiner
sitzen und manchmal ganz laut schnurren.
Die eine ist ganz weiß, eigentlich immer lieb zu uns und
heißt „Shera", während die andere vierfarbig ist und
„Peppels" heißt.
Peppels ist ein wenig „kratzbürstig" und wenn wir ihr zu
nahe kommen, kann es schon mal sein, dass sie ihre
Krallen ausfährt.
Manchmal ärgern wir sie dann erst recht und machen
dann ganz schnell, dass wir zu Mama kommen wenn sie
faucht.
Denn da traut sie sich dann doch nicht hin.
Na ja, es gibt ja immer noch Shera, der ist so lieb, dem
können wir sogar die Ohren ausschlabbern.
Für Geena als Schlabberbacke No.1 ne tolle Sache.
Wenn wir dann so am Spielen sind, machen Geena und
Gismo manchmal so komische Dinge wie: an Socken
nach Mama´s Zitzen suchen.
Na ja, wem es schmeckt.............

Peppels und Shera einträchtig im Körbchen

Mittlerweile haben wir den 21.01.05 und Cleo war wieder bei uns.
Das Spielen mit ihr macht immer riesigen Spaß, heute haben wir Bellen, Knurren und Angreifen geübt.
Cleo hat sich sogar ganz flach auf den Boden gelegt, so dass wir drei mit und auf ihr toben konnten.
Ich denke, dass Geena es bei einer so tollen großen Schwester sicherlich sehr gut haben wird.
Gestern gab es wieder diese „leckere" Paste.
Bine sagt, jetzt nach 4 Wochen ist es wieder Zeit dafür.

Mama hat uns erklärt, dass wir die Paste noch 2-mal zu essen bekommen, na Igittigitt!!
Mama kann gar nicht verstehen, dass wir diese Paste nicht mögen.
Ihr jedenfalls schmeckt sie so gut, dass sie uns hinterher immer den Mund sauber macht.
Und weil wir diese Paste überhaupt nicht mögen, haben wir für heute beschlossen, dass wir eigentlich auch gut bei Mama und Lilly im Korb schlafen können.
Wir dürfen das aber wohl doch nicht die ganze Nacht, denn am Abend bringt uns Bine wieder in unsere Schlafkiste.
SCHADE................................

Lilly (links oben sitzend) wacht über alle: Scully (rechts schlafend), Geena, Ginger und Gismo vorne schlafend.

Lilly ist eine klasse Hündin, sie tobt mit uns immer ein wenig und ist dabei ganz vorsichtig.
Manchmal neckt sie uns und stupst uns spielerisch an, um uns so zum richtigen Toben aufzufordern.
Aber ganz so dolle wie Lilly es wohl gerne hätte, können wir es dann doch noch nicht.

Heute kam eine andere Schwester von uns für 2 Tage zu Besuch, ihr Name ist Jette.
Jette wohnt bei einer netten älteren Dame in Husum, das ist gar nicht soweit von uns entfernt.
Zuerst wusste Jette gar nichts mit uns anzufangen, aber schon nach kurzer Zeit hatten wir sie um die Pfote gewickelt und sie spielte ganz vorsichtig mit uns.
Am allerliebsten ist sie aber bei Ben, dem Collie Rüden von Ute und Sina, er wohnt nur 40 Meter weiter.
Dort tobt sie immer wie eine Verrückte im Garten herum und hat schon für so manchen Lachanfall unter den Menschen gesorgt.
Ben ist ganz verliebt in Jette, er ist ihr immer hinterher gelaufen und hat sie zum Spielen aufgefordert.
Und da hat sich Jette natürlich nicht zweimal bitten lassen und hat mit ihm im Garten getobt!

Als Mama uns das am Abend erzählte, bekamen wir erst große Augen und Ohren und dann wären wir am liebsten gleich nach draußen gegangen.
Mama sagt, dass wir uns aber noch ein wenig gedulden müssen, denn es ist sehr kalt draußen und dort können wir uns sehr schnell krank werden.
Krank werden??

Mittlerweile können wir unsere Menschen auch schon an den Stimmen erkennen.
Bei Bine freuen wir uns immer gleich, auch ohne sie zu sehen.

Bei Robert, Mariella und Alexander überlegen wir immer einen Moment und fangen an uns zu freuen, wenn sie an der Kiste erscheinen.

Wenn Fremde kommen, um uns anzusehen, dann sind wir erst mucksmäuschenstill und freuen uns erst, wenn die Stimmen nett klingen.
Die Meisten sind aber auf den ersten Blick sehr nett und deshalb freuen wir uns eigentlich immer.

Jette aus Husum

Heute ist schon der 26.01. und ganz früh morgens (für uns zumindest), es war kurz nach neun, kam ein anderer Bruder von uns für 16 Tage zu Besuch.

Sein Name ist Oskar (und genauso frech ist er auch!!!) und er wohnt auch in Husum, bei einem sehr netten Ehepaar.

Eigentlich waren wir noch gar nicht richtig wach.

Aber als wir Bine´s Stimme hörten, standen wir natürlich sofort Spalier an der Kistenwand (die Tür war leider noch zu), um uns auch gleich mal den Neuankömmling anzuschauen.

Leider klappte das nicht so wirklich - denn auch wenn wir uns auf die Hinterpfoten stellten, wir waren einfach noch nicht groß genug, um über den Rand zu luschern.

Aber es dauerte nur noch einen Moment und dann wurde die Tür geöffnet und wir drei konnten unseren großen Bruder Oskar begrüßen.

Auch Jette war noch da, aber sie sollte heute Vormittag abgeholt werden.

Um kurz vor 11 war es dann soweit, nur, Jette wollte gar nicht nach Hause.

Sie hat sich einfach hingesetzt und war nicht einmal durch gutes Zureden oder einen Leckerli zum Aufstehen zu bewegen.

Jettes Frauchen war auf der einen Seite ganz traurig darüber -aber auf der anderen Seite auch ganz froh, denn so wusste sie wenigstens, dass es Jette hier bei uns gut hat.

Nach kurzem Hin und Her hat sie sich Jette einfach unter den Arm geklemmt und sie so zum Auto gebracht.

Nachdem Jette weg war, haben wir uns erst mal mit
Oskar beschäftigt.
Auch ihm waren wir zunächst nicht geheuer, aber er hat
schon nach kurzer Zeit gemerkt, dass wir nur spielen
wollen.
Und Gismo hat sich mal wieder eine Gemeinheit
ausgedacht.
Er hat sich in der Höhle im Flur versteckt und hat Geena
dann ganz unvermittelt aus dem Hinterhalt „angegriffen".
Das war ein Spaß!
Erst hat Geena sich etwas erschreckt aber dann sind die
Beiden wie die Verrückten durch das Haus getobt.
Und auch Oskar, Lilly und ich haben immer munter
mitgemischt.

Inzwischen haben wir angefangen, das Nass- und
Trockenfutter für Welpen zu fressen.
Aber bei Mama, Papa und Lilly das Futter zu mopsen
macht natürlich viel mehr Spaß.
Und außerdem sind die Trockenfutterbrocken viel größer
als unsere.
Bine nimmt uns immer von den Näpfen der Großen weg
und setzt uns wieder an unsere eigenen Näpfe.
Mama hat uns erklärt warum:
In dem Welpenfutter für uns sind die Anteile von
Kalzium/Phosphor für Knochen und Zähne, hochwertiges
Protein für gesunden Muskelaufbau und ausgewählte
Ballaststoffe für eine gesunde Verdauung ganz anderes
und reichhaltiger zusammen gestellt, als in dem Futter für
Große.

Natürlich sind auch Vitamin E und Mineralstoffe für ein starkes Immunsystem genügend vorhanden.

Nur mit einem ausgewogenen Futter, das nur für uns Welpen bestimmt ist, legt der Züchter einen festen Grundstein für unsere weitere Entwicklung.

Ansonsten können im späteren Leben Knochen-, Leber-, Magen- oder Darmprobleme auftreten.

Auch die Haut und das Fell können unter falschem oder minderwertigem Futter leiden.

Wir sind mit ungefähr 1,5 Jahren ausgewachsen und wenn man das Futter umstellt (egal für welchen Hund), dann sollte man das langsam machen.

Von dem jetzigen Futter einfach einen Teil weglassen und durch einen Teil des neuen Futter ersetzen.

Das Ganze macht man über einen Zeitraum von 5-7 Tagen (je nach Hunderasse und Alter) und dann kann man das neue Futter ohne Bedenken füttern.

Mann oh Mann, auf was ein Hundebesitzer so alles achten muss!

Ach ja, nicht zu vergessen ist, dass immer frisches und nicht allzu kaltes Wasser daneben steht, denn abgestandene Getränke mögt ihr ja auch nicht, oder???

Wenn wir klein sind bekommen wir mehrere Mahlzeiten am Tag, bei Bine sind es 5.

Morgens, vormittags, mittags, nachmittags und abends.

Je älter wir werden, umso weniger werden es.

Bine lässt erst die Fütterung am Vormittag weg, dann die am Nachmittag.

Wenn der neue Hundebesitzer es einrichten kann, dann sollte er uns dreimal am Tag füttern: Morgens, mittags und abends.

Das Gleiche gilt für die Gassi-gehen-Zeiten: Erst gehen wir raus, dann gibt es Futter.

Bine lässt uns abends vor dem zu Bett gehen noch einmal raus, so werden wir schneller stubenrein.

Wenn sich die neuen Besitzer in etwa an die uns angewöhnten Zeiten halten, dann werden wir auch innerhalb von 1-2 Wochen ganz stubenrein.

Viele Besitzer können oder wollen nur zweimal am Tag füttern und Gassi gehen, was auch kein Problem ist, wenn sie uns nur genügend Zeit zur Umstellung geben.

Denn dass das nicht von Heute auf Morgen klappt, sollte schon klar sein!

01.02.

Bine hat heute mit Geena geschimpft.

Sie hat sie im Nackenfell angefasst, leicht geschüttelt und dabei runter gedrückt (so macht unsere Mama das auch, wenn wir Unsinn gemacht haben).

Geena hat von Mariella einen Silikonschnuller zerkaut und das ganze Silikon herunter geschluckt.

Mariella hat fürchterlich geweint und bekam einen neuen Schnuller.

Geena war etwas betreten von der Sache, hat sich zu Mariella auf den Schoß gesetzt und versucht, sie zu trösten, indem sie ihr die Tränen aus dem Gesicht geleckt hat.

Damit war alles wieder gut und Geena hat uns erzählt, das sie sich geschworen hat, nie wieder Sachen von

Mariella zu zerkauen.
Wer es glaubt.................................

Ach ja, Bine hat Geena dann noch mit einer Spritze (ohne
Nadel!) 5ml Speiseöl ganz vorsichtig in den Mund
gespritzt.
Das ganze Silikon muss ja auch wieder rauskommen,
damit Geena nicht noch einen Darmverschluss bekommt.
Als Bine 2 abends vorbei kommt und das hört, erschrickt
sie ordentlich und kümmert sich ganz lieb um Geena,
indem sie ihr den Bauch massiert.

03.02.

Huch, was ist denn hier los??
Wer hat das Licht ausgemacht?
Hilllllfääääääääääää, Bine, wo bist Du??
Bine ruft mich schon die ganze Zeit, aber ich sehe sie
nicht und sie mich anscheinend auch nicht!
Mach doch mal einer das Licht wieder an....................
das gibt es doch gar nicht, ich sehe gar nicht, wo ich
hinlaufe.
Ich höre Bine, nur sehen kann ich sie nicht.
Ich laufe ein paar Schritte nach rechts, dann wieder nach
links und auch wieder geradeaus (oder zurück??) ich
habe keine Ahnung wo ich bin.
Ich höre, wie Bine Türen öffnet und meinen Namen ruft
und plötzlich ist sie still.
Dann ruft sie noch mal fragend meinen Namen und ich

bewege mich ein wenig hin und her.

Wie aus heiterem Himmel fängt sie plötzlich ganz laut an zu lachen, ruft mich noch einmal und macht dann das Licht wieder an.

Was passiert war wollt ihr wissen???

Nun ja............. ääääääähmmmmmmmmmm .... es ist mir etwas peinlich das zu erzählen.

Wollt Ihr das wirklich wissen??

Also gut, ich erzähle es Euch, aber wehe ihr lacht.

Ich war im Flur so am Spielen und bin hierhin und dorthin gesprungen und muss dabei gaaaaaaaaaaanz zufällig in das kleine graue Fell-Körbchen gesprungen sein.

Und wie ich da drin so am Toben bin und mich über den Rand lehne, kippt dieses blöde Ding nach vorne über und auf mich drauf!

Kann ja keiner ahnen, dass dieses Teil so instabil ist.

Und weil das alles noch nicht genug Aufregung für mich war, bekamen wir heute zum dritten Mal diese tolle Paste zu essen.............

Na SUPER!

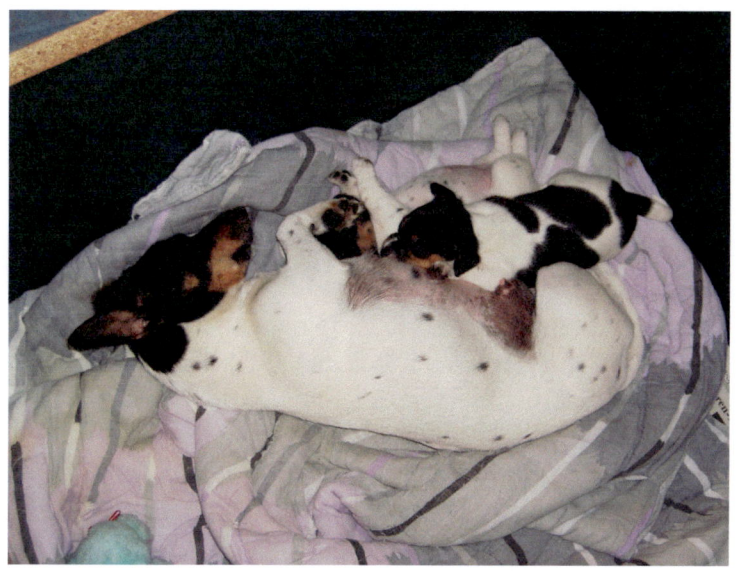

Abendfütterung: Geena und Emma oben, Gismo unten drunter.

Heute geht es Geena etwas besser, aber ein wenig Bauchweh hat sie immer noch.
Heute ist Freitag, der 04.02.05.
In der Zeitung stand eine Annonce für uns und es haben sich viele Zweibeiner gemeldet, aber Bine sagt immer: erst mal sehen, wer von den Leuten überhaupt auftaucht. Ein Mann war besonders dreist: Er hat uns noch nicht einmal gesehen und meinte, dass Bine sich den Preis noch mal überlegen sollte!?!

BITTE?
Wir sind hier doch nicht auf einem Basar oder
Flohmarkt, wo man den Preis noch verhandeln kann.
Der genaue Wortlaut war:
„Machen Sie mir ein Angebot".
„Angebot?? Sie meinen den Preis für einen Welpen???"
„Ja".
„300.-€uro".
„Das ist mir zuviel".
„Und warum rufen Sie mich dann an?? So stand es in der
Zeitung und dabei bleibt es auch".
„Aber da wird sich doch noch was machen lassen".
Nach kurzem überlegen antwortete Bine:
„Natürlich, ich lasse Ihnen die Hälfte des Preises ab und
Sie bekommen dafür auch nur einen halben Hund, ist das
okay???"
„Nein, ich möchte schon einen ganzen Hund".
„Sehen Sie und ich die ganzen 300.-€uro".
Der Mann verabschiedete sich dann ziemlich schnell - er
legte einfach auf.
Bine sah den Hörer kopfschüttelnd an und legte ihn auf
den Tisch (sie hat so ein schnurloses Telefon, schade
eigentlich, denn so ein Kabel lässt sich bestimmt auch
gut anknabbern).
Dann kam sie zu uns, hielt ihre Hände in die Kiste und
streichelte uns mit den Worten: „Ihr seit doch keine Ware
die man als Ramsch auf dem Flohmarkt anbietet und um
den Preis feilscht".
Dann ließ sie uns aus der Kiste raus und kuschelte
ausgiebig mit uns....TOLL!!

Sie riecht immer so gut ...... keine Ahnung wie ihr Menschen das nennt (Duschgel? Shampoo? was ist das??), aber wenn es nicht zu doll ist, dann mögen wir das sogar riechen, lecken euch ab oder kauen euch auch mal an.

Parfüm mögen wir allerdings überhaupt nicht, denn das was für euch Menschen angenehm duftet, stinkt für uns ganz schrecklich.

Wir Hunde haben einen viel feineren Geruchssinn als der Mensch.

Er ist etliche Tausendmal besser ausgeprägt.

Zudem solltet Ihr immer aufpassen, dass wir eure Shampoo- oder Duschgelflaschen, Parfümflakons, Cremedosen ect. nie zum Spielen oder zum drauf Rumkauen haben (auch nicht, wenn sie leer sind), denn so was kann ganz schnell zu einer Vergiftung oder Verätzung führen.

07.02.

Heute waren zwei Zweibeiner hier, die mich ganz doll angeschaut und gekuschelt haben.

Allerdings war es schon Abend und wir alle hatten den ganzen Tag getobt und schon zu Abend gegessen, weshalb mit uns nicht mehr allzu viel los war.

Die beiden wollten von Anfang an eine Hündin.

Da Geena schon weg war und Gismo eindeutig KEIN Mädchen ist, bleibe ja nur ich übrig!!

Die beiden waren echt nett, ich habe mich gleich wohl

gefühlt.

Ihre Namen sind Hella und Marc und als sie mit anschauen und kuscheln fertig waren, haben sie noch mit Bine gesprochen.

Es wurde verabredet, dass die Beiden eine Nacht drüber schlafen und sich dann Montag melden wollten.

Am Montagmittag rief Hella dann an und sagte, dass sie sich für mich interessieren und mich gerne noch mal in „Action" erleben wollen.

„Kein Problem" - am Dienstagnachmittag waren sie wieder da.

Es dauerte gar nicht lange und die Beiden waren sich einig, was sich dann in etwa so anhörte:

„Und was sagst Du???"
„Die letzte Entscheidung liegt bei Dir."
„Das ist keine Antwort."
Du musst es entscheiden, Du bist die meiste Zeit mit ihr zusammen."
Ja, aber was sagst Du dazu??"
„Deine Entscheidung."
Ein ganz kurzes Zögern und:
„Okay, wir nehmen sie."
Bine konnte sich ein dickes Grinsen nicht verkneifen und dachte an so einige andere Male, die es genauso zuging, wenn andere Zweibeiner sich für einen Welpen entscheiden mussten.

Und somit hatte auch ich ein neues Zuhause .... was auch immer das sein mag!!

Und einen neuen Namen bekam ich auch noch: Emma.

Das bin ich: Emma

Heute, am 09.02., kamen zwei Zweibeiner für Gismo, man war das eine freudige Begrüßung.

Die Leute waren ganz begeistert von ihm und hätten ihn am liebsten gleich mitgenommen, aber das geht ja nun doch noch nicht.

Aber am nächsten Donnerstag (16.02.) ist es dann soweit. Vorher gibt es noch einmal eine Wurmkur und eine Impfung .... was ist denn das schon wieder?!?!

Da man aber nicht beides zusammen geben darf, gibt es die Wurmkur schon drei Tage vorher.

WÜRG!!

Gismo wird nun doch schon heute Abend, 15.02., abgeholt und deshalb muss er heute noch zum impfen.

Um 17.30Uhr war es dann soweit, er bekam ein Laufgeschirr(??) um und dann ging es ab ins Auto(??) und zum Tierarzt(??).

Hinterher hat er uns erzählt, dass es überhaupt nicht schlimm war.

Im Gegenteil, er hat dort Streicheleinheiten und Leckerlis von einer sehr netten Frau bekommen, die von Bine Tierärztin oder Dr. Tramitzke genannt wird.

Sie hat bei ihm die Lunge abgehört, Fieber gemessen, in den Ohren nachgeschaut, ob er Milben hat, oder ob Flöhe im Fell vorhanden sind.

Auch seine Augen hat sie nicht vergessen, denn es könnte ja sein, dass sie entzündet sind.

Aber Dank der guten Hege und Pflege von Bine war natürlich alles in Ordnung!!!

Um halb neun Abends kamen dann die netten Leute und

holten ihn ab.

Er bekam einen Beutel Trockenfutter, eine Dose Nassfutter, beides natürlich für Welpen, seinem Impfpass und sein Lieblingsspielzeug mit.

Wie er wohl die erste Nacht ohne uns erlebt hat??

Bine hat dann am nächsten Vormittag dort angerufen und hörte wohl gar schreckliches:

Gismo gehe es ganz schlecht, erzählte der Mann, seine Frau könne das besser erklären als er.

Sie würde mittags nach der Arbeit zurückrufen.

Bine legte nachdenklich den Hörer in das Bücherregal und sah uns an.

Sie machte sich schreckliche Sorgen um Gismo, die abenteuerlichsten Sachen schossen ihr durch den Kopf.

Ich konnte es an ihrem Gesichtsausdruck sehen.

Dann kam sie zu uns und streichelte uns beide, war dabei aber völlig abwesend.

Ich habe ihr dann die Hände geleckt und ihr somit zu verstehen gegeben, dass sie sich keine Sorgen machen sollte.

Um kurz nach 12 rief die Frau dann endlich an und was Bine dann hörte, ließ ihr fast die Haare zu Berge stehen:

Gismo hätte die ganze Nacht geweint, nur wenn er auf dem Arm oder dem Schoß war, sei er ruhig gewesen!

So was hatte Bine noch nicht erlebt, ein wenig Weinen ja, aber so?

Während des ganzen Telefonats hörte sie ihn im Hintergrund fiepen und jaulen, ihre Unruhe wuchs.

Bine fragte nach, was er denn gesessen habe bzw. ob er gespielt habe.

„Nein" war die Antwort, er wäre völlig apathisch gewesen, hätte weder gespielt noch gefressen.

Dabei hatte die Tierärztin doch gesagt, dass er völlig okay sei und auch die Impfung gut vertragen hätte!!

Bine war völlig ratlos und konnte sich das nicht erklären, und so wurde nach einigem Hin und Her vereinbart, das Gismo wieder nach Hause kommt.

Eine halbe Stunde später standen die Zwei wieder mit Gismo an der Leine vor der Tür.

Bine machte die Tür auf und Gismo stürmte mit einem freudigen Gebell auf uns und wir auf ihn zu.

Die andere Frau machte ein überraschtes Gesicht und meinte, dass Gismo jetzt wie ausgewechselt sei.

Bine machte ein noch ratloseres Gesicht als schon die ganze Zeit über und bat die Zwei erst mal rein.

Sie versuchte heraus zu bekommen, was sich den vergangenen Abend und die Nacht abgespielt hatte.

Nach einigen gezielten Fragen hatte sie dann eine Ahnung was sich zugetragen hatte:

Die Zwei hatten ihn mit zu sich nach Hause genommen (das war so gegen viertel nach neun, halb zehn) und ungefähr eine halbe Stunde später waren Freunde und Verwandte erschienen, um Gismo in Augenschein zu nehmen.

Alles in Allem an die 20 Zweibeiner!!

Dass Gismo das nicht unbedingt klasse fand, versteht sich fast von selbst.

Erst musste er Auto fahren, dann bekam er eine Impfung, von der er zwar nicht wirklich was mitbekommen hatte, aber davon sehr müde wurde.

Danach wieder Auto fahren, weg von uns, von Bine und Mama, fremde Gerüche und Geräusche.

Er fühlte sich da schon einsam und verlassen und dann wurde er in seinem neuen Zuhause auch noch herumgereicht wie ein neues Plüschtier.

Das war zuviel für ihn: er weinte die ganze Nacht und fühlte sich nur einigermaßen sicher, wenn er bei der Frau auf dem Arm war.

Also ich kann dazu nur sagen, das man sich schon vorher darüber informieren sollte, wie man einen Welpen nach Hause holt, was man die ersten paar Tage beachten sollte und wie es dann weiter geht.

Denn nur so kann man sicher gehen, dass man nichts falsch macht.

16.02.

Heute mussten auch Geena und ich noch zum Tierarzt, um geimpft zu werden.

Und was soll ich sagen?

Es war wirklich nicht so schlimm wie ich gedacht hatte, nur dieses komische lange Ding mit der kalten Metallspitze in meinem Hintern war nicht wirklich der Hit!!

Alles in Allem waren wir vielleicht 20 Minuten in der Praxis und alle fanden uns ganz klasse.

Wir wurden dort geknuddelt und gekuschelt und Geena ließ es sich natürlich nicht nehmen, das eine oder andere Gesicht abzuschlabbern........

Na ja, wir sind ja auch schon etwas Besonderes .... oder etwa nicht??

Soweit ich weiß, sind alle Welpen irgendwie süß und toll, niedlich und knuddelig, egal welche Rasse und Größe.

Nachdem wir wieder zu Hause waren, gab es Welpenfutter von Bine und später noch einen Gute-Nacht-Snack an Mama´s Zitzen, danach ging es in die Kiste und wir drei schliefen seelenruhig und friedlich ein.

Gismo hat zwar in der Nacht im Schlaf gefiept und geweint, aber das war nicht weiter schlimm.

Geena und ich haben uns dann ganz doll an ihn gekuschelt, Bine hat ab und an mal nach uns geschaut.

Er wurde dann auch wieder ruhiger und schlief ohne Probleme bis zum nächsten Morgen durch.

Heute ist Freitag, der 18.02., und nun ist auch mein großer Tag angebrochen.

Ich werde von Bine höchstpersönlich zu Hella und Marc gebracht.

Doch was ist das??

Draußen ist es ganz weiß und nass .... und BRRRRRRRRRR .... kalt.

Das ist das erste Mal, dass wir drei in unserem Leben Schnee sehen und was soll ich sagen .... ich mag ihn nicht!!

Gismo dagegen fühlt sich „sauwohl" und tobt mit Geena, Mama, Lilly, Mariella und Alexander durch den Schnee im Vorgarten.

Ich bleibe lieber bei Bine, die mag den Schnee auch nicht so wirklich.

Mit Sorge sieht sie in den grauen Himmel und schaut mich dann an.

„Na Emma, ob das was wird mit dem Wegbringen??? So ein blödes Wetter, das hört gar nicht mehr auf zu schneien", schimpft sie.

„Wieso" denke ich, „die Anderen finden dieses weiße Zeug doch ganz klasse, was ist daran denn so schlimm??"

Natürlich versteht sie mich nicht, aber ich kann dafür ihren Gesichtsausdruck ganz gut deuten.

Sie macht sich Sorgen.

Ohne Schnee macht das Spielen draußen mehr Spaß……

und auch ziemlich müde.

Da fiel mir dann auch siedendheiß ein, dass ich Geena ja die Aufgabe übertragen muss, diese Geschichte weiter zu erzählen, sonst hört sie heute Abend nämlich auf!
Gedacht, getan und somit kann ich ruhigen Gewissens zu meiner neuen Familie gehen.

Am Nachmittag kam Robbie von der Arbeit nach Hause und als wir dann endlich los wollten, klingelte es an der Tür.
Da stand Sylvia, eine junge Frau, die sich für Gismo interessierte und schon einmal da war.
Aber da war Gismo schon an das junge Pärchen versprochen.

Wir haben uns dann erst einmal alle auf sie gestürzt und
an ihren Schuhen gerochen und versucht ihr die
Schnürsenkel aufzumachen.
Sie nahm Gismo hoch und er fing sofort an, sie
abzulecken!!
Uiiiiiiiiiiii hat sie sich gefreut.
Sylvia war ganz begeistert von ihm und wollte ihn haben.
Allerdings musste er noch eine Woche bleiben, was aber
ja kein Problem war, denn auch Geena blieb noch eine
Woche länger und war somit nicht alleine.
Sylvia fragte Bine noch um Rat, was sie denn noch alles
bräuchte und Bine schrieb es ihr auf.
Das Schöne bei Bine ist, dass sie auch nach dem
Welpenkauf immer ein offenes Ohr für die neuen
Besitzer hat und, soweit es ihr möglich ist, mit Rat und
Tat zur Seite steht.
Deshalb kommen auch immer wieder Geschwister von
uns zur Pflege hierher, wenn die Besitzer im Urlaub,
Krankenhaus oder anderswo sind.
Für Bine ist es einfach nur schön, zu sehen wie es den
Anderen (und natürlich uns) geht und sie hat auch zu fast
Allen noch Kontakt, sogar zu unserem großen Bruder
„Krümel" in Kanada.

Nachdem Sylvia und Bine alles geklärt hatten, fuhr
Sylvia nach Hause, um ihren Kindern von dem neuen
Familienmitglied zu berichten und auch wir machten uns
auf den Weg zu Hella und Marc.
Man war das spannend!!
Ich saß bei Bine auf dem Schoß, das rote Laufgeschirr

an (damit ich nicht plötzlich vom Schoß hüpfe und unter
eine Pedale krabble) und schaute aus dem Fenster.

Bine hielt mich extra hoch, damit ich rausschauen konnte
und erklärte mir was da so an uns vorbeiflog.

Aber irgendwie war das nix für mich und ich legte mich
schon nach kurzer Zeit auf ihren Schoß, rollte mich ein
und schlief.

Es war ein unruhiger Schlaf, ständig dieses Wackeln im
Auto, ich drehte mich ein paar Mal, aber es wurde nicht
besser.

Ich versuchte meinen Kopf in Bine´s Armbeuge zu
vergraben aber auch das half nur kurz.

Bine wurde unruhig und sprach leise und beruhigend auf
mich ein.

Trotzdem wurde mir ganz komisch und ich schluckte und
schluckte, aber mein Mageninhalt wollte partout nicht
unten bleiben.

Es kam wie es kommen musste: 150 Meter vor dem Ziel
übergab ich mich würgend in Bine´s Hand!!

Ich war froh es los zu sein und freute mich mit einem
leichten Schwanzwedeln, aber irgendwie fand es nicht so
wirklich Bine´s Zustimmung.

Warum nur nicht???

Robbie fand es ganz lustig, er lachte und meinte nur, dass
der Hund doch gut erzogen sei, wenigstens blieben die
Sitze sauber.

Das Gesicht von Bine hatte die Farbe von diesem
weißen, kalten und nassen Zeug draußen angenommen
und ich glaube, dass ihr plötzlich auch von irgendwas
schlecht war.

Von was nur??
Konnte sie das Autofahren auch nicht ab??
Robbie hatte angehalten und nahm mich lachend auf den
Schoß damit Bine aussteigen konnte, was sie auch leise
vor sich hinschimpfend tat, um sich dann mit dem
Schnee wenigstens notdürftig die Hände zu säubern.
Sie stieg dann wieder ein, nahm mich auf den Schoß und
dann ging es noch 150 Meter weiter und da waren wir:
bei Hella und Marc, meinem neuen Zuhause.
Bine hatte mich unter die Jacke gesteckt damit ich vom
Schnee nicht nass wurde.
Sie übergab mich an Hella, fragte ob sie das Bad
benutzen dürfte und wo es wäre, ging schnurstracks hin
und wusch sich ausgiebig die Hände.
Hella und Marc sahen ihr ratlos hinterher und fragten
Robbie, was los sei.
Der fing wieder an zu lachen und erzählte von meinem
Missgeschick.
Bine und Robbie blieben noch eine Weile da und sahen
mir beim Erkunden meines neuen Zuhauses zu.
Sie gaben Hella und Marc noch ein paar Tipps für die
ersten Tage mit mir und fuhren dann auch weiter.
Für mich begann ein neues Abenteuer, von dem ich aber
jetzt nicht erzählen will, sondern ich schicke euch wieder
zu Geena und Gismo nach Hause.

JUUHUU Gismo und ich bleiben noch eine Woche
länger bei Bine und Robbie, na das wird ein Spaß.

Draußen liegt immer noch dieses weiße Zeug und es ist eisig kalt und nass an unseren Füßen.

Allzu lange können und dürfen wir nicht draußen bleiben, da wir uns sonst sehr schnell erkälten.

Bine sagt immer: lieber einmal mehr und dafür kurz, als einmal zu wenig und dann erkältet und das Haus unter Wasser.

Als Emma heute zu Hella und Marc fuhr, waren Gismo und ich traurig, aber Bine hat dafür gesorgt das wir uns nicht langweilen.

Sie hat zwei neue Spielzeuge besorgt (einen Ball und ein Tau) und damit waren Gismo und ich erst einmal beschäftigt.

Da wird an beiden Enden gezogen und sich geschüttelt, um dem anderen das Tau zu mopsen, es wird geknurrt und gebellt (sofern das mit vollem Mund überhaupt möglich ist!).

Lilly und Mama spielen auch mit uns, aber Mama scheint nicht wirklich bei der Sache zu sein, denn sie läuft immer im Haus schnüffelnd hin und her.

Es sieht so aus, als wenn sie etwas wittert oder sucht.

Ich lasse das Tau los und laufe hinter Mama hinterher, um zu schauen was sie macht.

Auch Gismo findet das Tau jetzt uninteressant und läuft mit.

Es sieht so aus als wenn Mama etwas sucht, ja, jetzt sieht man es ganz deutlich.

Zwischendurch fiept sie leise und dann fällt mir auch wieder ein was sie sucht: Emma.

Aber Emma ist nicht mehr da und Mama ist etwas

traurig.

Gismo und ich können sie ablenken und dann spielt sie doch noch mit uns.

Als Bine, Robbie und Mariella wieder kommen begrüßen wir sie fröhlich und dann wird auch schon Zeitung gelesen.

Ihr fragt euch, ob wir Zeitung lesen können??

Na klar können wir das, nur das wir kein laut raschelndes Papier in den Pfoten haben und umständlich umblättern müssen, sondern an den Hosenbeinen „lesen".

Wir erschnüffeln fremde Gerüche, egal ob von Menschen, anderen Tieren oder auch von der Zoohandlung.

So wissen wir immer, wo Bine war und dieses Mal war sie EINDEUTIG in einer Zoohandlung und riecht auch nach fremden Hund!

Sie hat für uns alle aus der Zoohandlung Leckereien mitgebracht, Gismo und ich bekommen eine Welpen-Kaustange und Mama, Mayloo und Lilly bekommen ein Schweineohr.

Hmmmmmmmm ist das lecker!!!

Die nächste halbe Stunde ist tatsächlich so etwas wie Ruhe eingekehrt und das Einzige, was von uns zu hören ist, ist ein zufriedenes Schmatzen und Kauen.

Dann ist auch schon so etwas wie Welpen-Bettzeit und Gismo und ich gehen das erste Mal ohne Emma in die Welpenkiste zum Schlafen.

Ein Wenig komisch ist es schon und auch Mama scheint es so zu sehen, denn sie schläft die ganze Nacht bei uns.

Die nächsten 4 Tage toben wir mit Lilly, Cleo und Mama durch das Haus und wenn das Wetter es zulässt, auch draußen im Garten.

Tagsüber schlafen wir im Körbchen von Mama, nur nachts müssen wir noch in die Kiste.

Wir finden es doof, fiepen und wollen wieder raus, aber Bine lässt uns nicht.

Mama sagt, dass es so sicherer für uns ist, denn wenn wir hier nachts herumlaufen und einer der Zweibeiner muss auf Toilette und macht das Licht nicht an (was sie eigentlich nie tun), dann kann es sein, dass sie im Halbschlaf über uns fallen und sich und uns weh tun.

Dann ist unser großer Tag gekommen:
Sylvia holt Gismo, Bine 2 und Thomas holen mich ab!
Auch wir bekommen noch Welpenfutter, unser Lieblingsspielzeug und den Impfpass mit und werden damit in ein spannendes und aufregendes Leben bei unseren neuen Besitzern „entlassen".

Aber das sind andere Geschichten, die wir hier natürlich noch nicht erzählen können.

Wir hoffen aber dass euch, den Lesern, diese Geschichte gefallen hat, ihr einen Einblick in unsere ersten 8 Lebenswochen bekommen und vielleicht sogar das Eine oder Andere dabei gelernt habt.

Vielleicht ja bis bald

Emma, Geena und Gismo

Spielen im Garten ist was feines …genauso wie relaxen

Alle Texte sind „frei Schnauze" geschrieben und da es das erste Buch der Autorin ist, bittet sie um Nachsicht was Fehler angeht.

Und: Wer einen Fehler in diesem Buch findet, darf ihn gerne behalten!

Zu guter Letzt möchte ich mich noch bei Allen bedanken, die dieses Buch erst möglich gemacht haben, **DANKE**.

Und ein ganz besonders großes **DANKE** an meine beste Freundin Hexchen, ohne die dieses Buch nie gedruckt worden wäre.
DANKE für Deinen Rat, **DANKE** für Deine Hilfe und **DANKE** für die langen Nächte die Du mich ertragen hast.